AF364046

SOLFÉGE ELEMENTAIRE

MÉLODIQUE ET RHYTHMIQUE

PAR

CH. DE BERIOT

PRIX NET : 2 fr. 50 c.

PARIS

SCHOTT, Éditeur de Musique, 1, rue Auber

(Maison du Grand-Hôtel)

ET CHEZ TOUS LES ÉDITEURS DE MUSIQUE

MAYENCE	BRUXELLES	LONDRES
Les fils de B. SCHOTT	SCHOTT, frères	SCHOTT et Cie

Propriété de l'Auteur pour tous pays.

MUSIQUE TYPOGRAPHIQUE DE TANTENSTEIN,

8, RUE TOULLIER (ancienne rue Neuve des Poirées).

Paris. — Impr. Divry et Cᵉ, rue N.-D. des Champs, 49

PRÉFACE.

On a, depuis quelque temps, conçu la pensée de faire précéder l'étude du solfége par quelques exercices préparatoires pour l'émission du son sur la voyelle A. Cette idée a obtenu l'approbation de quel‐ques maîtres dans la science musicale, et nous ne saurions qu'y joindre la nôtre, pourvu qu'on n'en fasse pas l'objet d'un système exclusif et trop prolongé.

Le solfége n'est pas destiné seulement à former des voix; il est surtout le premier pas dans l'étude générale de la musique.

Pour rester dans des limites raisonnables, nous plaçons donc en tête de cet ouvrage quelques conseils sur l'émission de la voix, dont nous laissons l'application à l'appréciation du professeur.

Après ce premier exercice, le solfége nous semble indispensable au développement de l'organe. Dans la musique comme dans le langage, la percussion d'une consonne sur une voyelle a la propriété de reposer la voix, parce qu'elle frappe nettement le commencement de chaque note ou syllabe, et marque ainsi sans effort le rhythme et la mesure de la déclamation ou du chant.

Le système de notation actuel, imaginé au moyen âge par Guido d'Arezzo et complété au dix-septième siècle, s'est évidemment inspiré de cette idée. En effet, les sept notes ou syllabes qui le composent résument les seules combinaisons de voyelles et de consonnes propres à l'émission de la voix et à la netteté de la prononciation.

Le solfége offre de plus, au point de vue de la composition, l'avantage irrécusable de donner à chaque note une physionomie doublement saisissante, par sa position et par son nom. Il exerce à la fois la mémoire des yeux et celle de l'oreille, sans lesquelles il n'y a pas de complet musicien.

Nous sommes de ceux qui veulent qu'un solfége ne soit pas dépourvu de charmes mélodiques : les motifs chantants sont facilement retenus par les élèves ; il n'est pas à craindre que cet exercice de la mémoire dégénère en routine ; le professeur a, d'ailleurs, à sa disposition des moyens de s'assurer si la lecture n'est pas en défaut, c'est :

1° De faire solfier à l'élève ces exemples par tronçons pris au hasard.

2° Lui faire écrire ce qu'il sait par cœur.

Nous ne saurions trop insister sur ce dernier exercice, qui aide puissamment à l'éducation élémentaire, sans occasionner de fatigue.

Les premières impressions sont ineffaçables. Que l'enfant soit un jour compositeur ou simple exécutant, il faut que les méthodes élémentaires qui lui apprennent à lire la musique aient en même temps assez d'attrait pour lui inspirer le sentiment du style, condition première de tous les arts.

AVANT-PROPOS.

Le premier indice d'une bonne organisation musicale est le sentiment de la mesure ou du rhythme.

Il se manifeste chez l'enfant dès que ce dernier commence à parler.

En effet, si l'enfant, avec le jouet qu'il tient à la main, bat la mesure en temps sensiblement égaux, et si progressivement il arrive à marquer certains rhythmes élémentaires qui auront frappé son oreille, on peut en induire avec certitude qu'il a des dispositions musicales.

La musique est avant tout un art d'ordre et de précision.

Nous considérons donc la mesure ou le rhythme comme la base essentielle de la musique, à tous les points de vue.

Forts de cette conviction, nous avons débuté dans ce solfége par enseigner aux commençants à battre la mesure muette, avant toute espèce d'autre étude, après le premier exercice sur l'émission de la voix.

L'utilité de cette manière nouvelle de procéder, si étrange qu'elle puisse paraître au premier abord, se fera sentir dès le moment où l'élève commencera à solfier. Car l'étude de la musique se compose de deux éléments principaux : la mesure et la justesse; et nous croyons que l'élève ne doit les aborder que successivement, sous peine d'un double effort qui fatiguerait inutilement son attention.

Ce travail préliminaire ne sera nécessairement que de courte durée. Nous faisons alors passer l'élève aux principes élémentaires de la musique écrite, que nous exposons un à un, et que nous appliquons immédiatement au chant, de telle sorte que l'exécution marche toujours de front avec la théorie et la science acquise chaque jour. Procéder autrement, vouloir enseigner aux commençants toute la grammaire musicale sans les faire solfier, c'eût été leur parler une langue inintelligible, charger leur mémoire de notions abstraites, et les condamner à un travail sans résultat.

Nous avons même cru bon d'introduire dans ce solfége quelques morceaux de chant avec paroles, tout-à-fait à la portée des enfants. Ils pourront, après les avoir solfiés, faire ainsi leurs premiers essais dans la musique de chant, et ils y trouveront une digression attrayante aux études parfois arides du solfége.

PREMIÈRE LEÇON.

DE L'ÉMISSION DE LA VOIX.

Trois conditions sont nécessaires à l'émission de la voix :
1° Ensemble de la physionomie et du corps.
2° Qualité du son.
3° Manière de le poser.

1° DE L'ATTITUDE.

Se tenir debout, la tête haute, les épaules effacées, le corps droit et immobile.

Éviter toute contraction de la physionomie qui trahirait un effort dans l'émission de la voix.

Ouvrir modérément la bouche, parce que le baillement exagéré dénature la franchise du son.

Tenir le milieu entre deux excès : sourire forcé, qui écarte démésurément les coins de la bouche et donne de l'afféterie au chant comme au langage; ou projection des lèvres en forme de moue, qui rend la voix aboyante et caverneuse.

2° QUALITÉ DU SON.

Rondeur, noblesse et douceur sont les qualités nécessaires à l'émission de la voix.

Pour les obtenir, l'élève chantera l'exercice suivant sur chaque voyelle alternativement, mais surtout sur la lettre A, comme étant la plus facile à la voix humaine.

Il observera que les voyelles, en dehors du son qui leur est propre, peuvent subir des modifications ou nuances, dans lesquelles la voix gagne en sonorité et en moelleux. Ainsi l'on donne plus d'ampleur au son de l'A, quand on le rapproche de celui de l'O; l'E doit participer un peu de l'A; et l'I, lettre nasillarde, se corrige avec une nuance de l'E et de l'U.

Il appartient au maître de faire l'application de ce simple aperçu.

3° MANIÈRE DE POSER LE SON.

La manière de poser le son, dans le chant comme dans le langage, doit être en rapport avec le sentiment ou l'idée que l'on veut rendre. Ainsi, lorsqu'il convient de débuter avec calme ou douceur, le son doit sortir du larynx nettement, sans perte de respiration, sauf à l'enfler, dès que l'expression l'exige.

Pour peindre la résolution, l'énergie et autres sentiments de cette couleur, l'émission doit être une attaque franche et accentuée du son. Mais ici l'écueil est l'exagération du coup de gosier, qui produirait une explosion dure et saccadée de la voix. C'est au maître à en préserver l'élève.

Il lui recommandera enfin le plus grand calme dans la tenue du son, pour éviter le chevrotement.

Explication du signe de nuance :

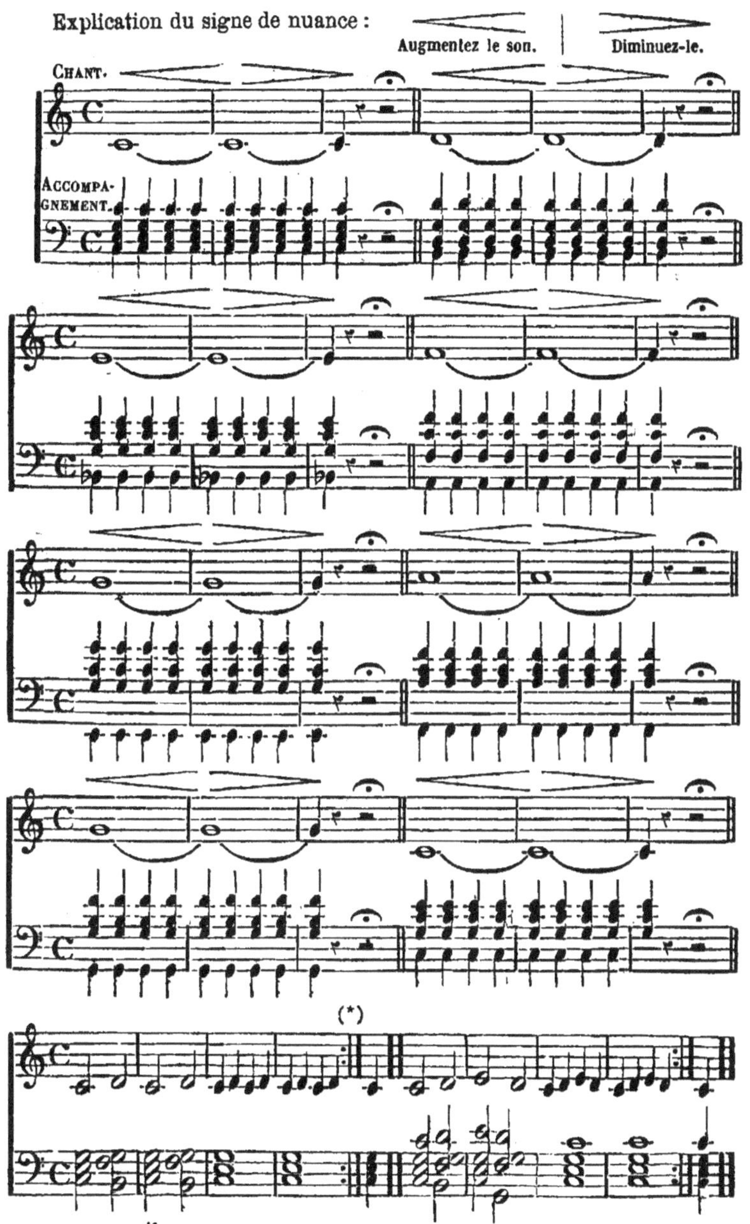

(*) Ce signe ：‖ s'appelle *Reprise* et signifie que la période du côté des points est à re-commencer.

DEUXIÈME LEÇON.

EXERCICES PRÉPARATOIRES DU SOLFÉGE.

DE LA MESURE ET DE LA MANIÈRE DE LA BATTRE.

La mesure est une fraction de la durée d'un morceau qui sert à en marquer le mouvement et le rhythme.

Les mesures sont égales en durée, et séparées par une petite ligne verticale placée de distance en distance comme ci-dessous :

Les mesures sont elles-mêmes divisées en fractions qu'on appelle temps; les temps sonts égaux en valeur, mais inégaux en force : il y a des temps forts et des temps faibles. Cette différence s'explique par le mouvement de la marche, à la quelle la mesure semble devoir son origine. Ainsi le pied qui frappe à terre indique le temps fort, et le pied levé marque le temps faible : telle est la mesure en deux temps.

La mesure à 4 temps est la réunion de deux mesures à 2 temps; d'où il résulte que le premier et le troisième sont des temps forts, et que le deuxième et le quatrième sont des temps faibles.

La mesure à 3 temps, dont la valse donne une idée exacte, se compose d'un temps fort et de deux temps faibles. Telles sont les trois mesures qui servent à régler les mouvements de la musique.

Dans le battement de la mesure il faut deux choses : la frapper avec vivacité et la retenir avec fermeté, pour obtenir une égalité absolue dans la durée des temps.

Une mesure énergique et résolue indique un sentiment parfait du rhythme. Par contre, une mesure molle et indécise entravera toujours l'artiste qui ne saurait vaincre ce défaut.

Voir les figures qui suivent.

DU BATTEMENT DE LA MESURE

EN 2, 3 ET 4 TEMPS.

L'élève battera la mesure en frappant la main droite dans la main gauche en comptant: une, deux, une, deux, *etc.* avec une étendue, dans le mouvement qui ne sera pas moins de 25 à 30 centimetres

MESURE A DEUX TEMPS.

Exemple :

Frapper le premier temps de haut en bas.

Lever la main pour le deuxième temps.

MESURE A TROIS TEMPS.

Le troisième temps, revenir au point de départ.

Le premier temps de haut
en bas

Le deuxième temps de gauche à droite.

MESURE A QUATRE TEMPS.

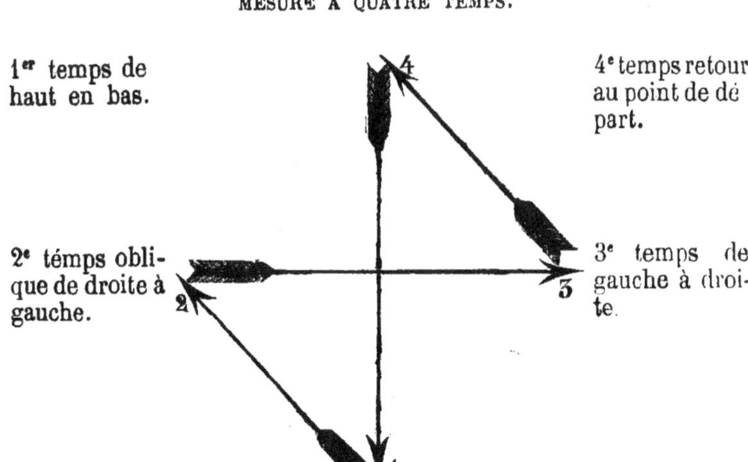

1ᵉʳ temps de
haut en bas.

4ᵉ temps retour
au point de dé
part.

2ᵉ témps obli-
que de droite à
gauche.

3ᵉ temps de
gauche à droi-
te.

EXERCICE SUR LA VALEUR DES NOTES

Après avoir exercé l'élève à battre les trois espèces de mesures précédentes, le maître appliquera celle à quatre temps sur la ronde, la blanche, la noire, la croche, la double croche, la triple croche. Les nombres indiqués dans le tableau se chanteront sur une note soutenue pendant la durée de sa valeur au diapason de la première note de la gamme.

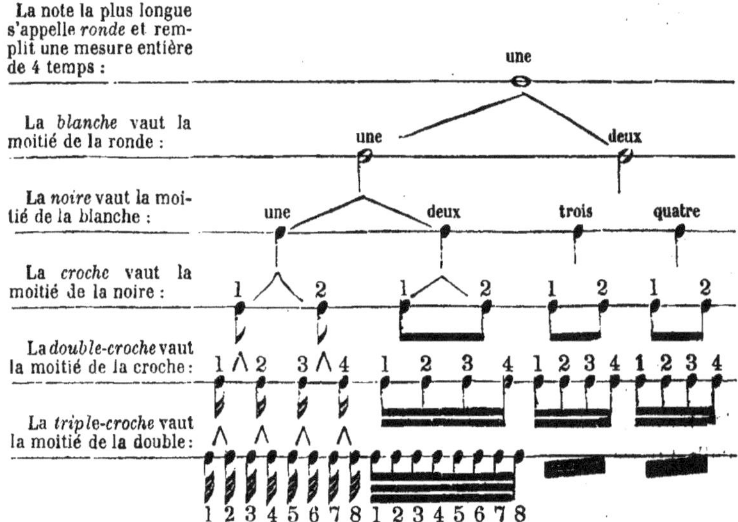

NOTA SUR LES ABRÉVIATIONS DE L'ÉCRITURE MUSICALE :

Lorsque plusieurs croches se succèdent on peut remplacer les crochets par une barre qui les unit en groupes de 2, 3 ou 4 selon la division de la mesure. On fait de même pour les doubles et les triples croches.

Dans la dernière ligne de ce tableau, les trois barres obliques sont deux abréviations du groupe qui les précède.

Exercice sur DO et RÉ

POUR LES VALEURS CORRESPONDANTES DES NOTES ET DES SILENCES

Mesure à quatre temps correspondant à la ronde.

Pause, ou *silence* correspondant à la *Ronde.*

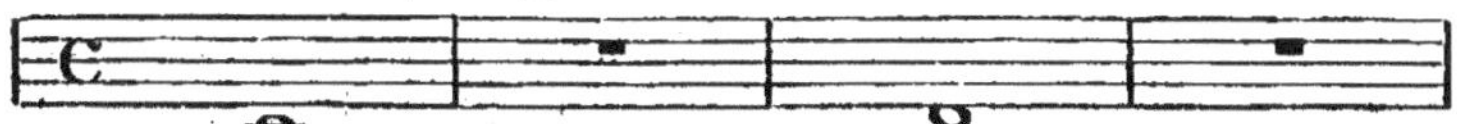

Demi-pause, correspondant à la *Blanche.*

Soupir, correspondant à la *Noire.*

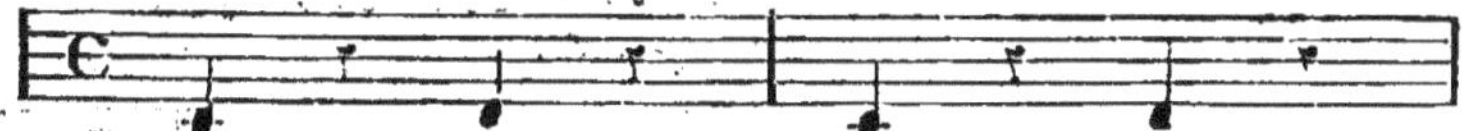

Demi-soupir, correspondant à la *croche.*

Quart de soupir, égal à la *double-croche.*

Huitième de soupir, équivalant à la *triple-croche.*

Nous ne saurions trop recommander les exercices de cette deuxième leçon. L'élève, familiarisé avec le battement de la mesure, la valeur des notes et celle des silences, possède la clef de l'art musical.

TROISIÈME LEÇON.

RHYTHMES ÉLÉMENTAIRES SUR TROIS NOTES.

Adagio. (Lentement. Mouvement lent.)

Moderato. (Mouvement modéré).

Lorsque le mouvement de la mesure à quatre temps devient très-accéléré, on la simplifie en la battant à deux temps, et on l'indique en barrant le ₵ ou par le chiffre **2** placé au commencement du morceau.

MESURE A DEUX TEMPS.

La mesure à 2 temps conduit à la mesure en *deux-quatre,* qui se bat de la même manière et ne vaut que la moitié de la mesure à quatre temps. Elle s'indique par cette fraction $\frac{2}{4}$, c'est-à-dire deux quarts de la mesure à quatre temps ou deux noires.

MESURE A DEUX-QUATRE.

QUATRIÈME LEÇON.

DU POINT.

Quand on veut augmenter une note de la moitié de sa vaieur ou durée, on y ajoute un point placé à sa droite. Ainsi une blanche pointée vaut trois temps ; une noire pointée vaut un temps et demi, *etc.*

Quand on ajoute deux points à la note, le second vaut la moitié du premier. La note qui suit devient ainsi plus vive et plus accentuée.

EXERCICES SUR LES NOTES POINTÉES.

CINQUIÈME LEÇON.

DE LA MESURE A TROIS TEMPS.

Après les mesures qui se divisent par deux et s'appellent mesures binaires, viennent les mesures ternaires ou divisibles par trois, qui se battent en trois temps.

La plus large de ces mesures ou mesures à 3 temps se compose d'une ronde pointée, ou trois blanches. Elle s'indique par le signe $\frac{3}{2}$, qui veut dire trois blanches.

La mesure en trois-quatre est plus en usage que la précédente. Elle se compose d'une blanche pointée ou trois noires, et s'indique par la fraction $\frac{3}{4}$, qui veut dire trois noires.

La mesure en trois-huit, diminutif de la précédente, se compose d'une noire pointée ou trois croches, et se chiffre par la fraction $\frac{3}{8}$ qui veut dire trois croches.

Allegretto (moins vif qu'*allegro*).

SIXIÈME LEÇON.

DE LA GAMME, DE LA PORTÉE ET DE LA CLEF.

DE LA GAMME.

La gamme complète est une échelle de huit notes dont la première et la dernière prennent le même nom, parce qu'elles ont la même nature de son, et forment ce que l'on appelle une octave.

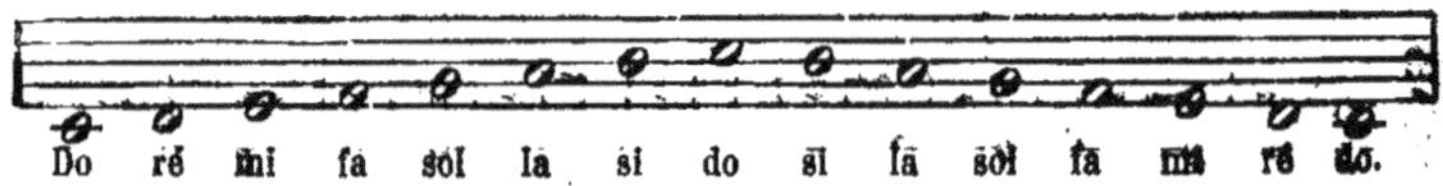

L'échelle entière des sons se compose d'environ sept octaves. Ce n'est point ici le lieu d'entrer dans une explication scientifique sur les rapports des octaves entre elles. Mais l'enfant s'en rendra compte pratiquement, si, lorsqu'il chante avec son maître, et qu'il lui semble chanter à l'unisson, il remarque que sa voix est pourtant sensiblement plus aigüe que celle du professeur. Cette différence, c'est l'octave.

Le même rapport existe entre les voix d'hommes et de femmes, et entre les divers instruments.

DE LA PORTÉE.

On appelle portée les cinq lignes parallèles dont on se sert pour fixer la place de chaque note.

Les notes s'écrivent en montant et en descendant, à cheval sur les lignes, ou dans les interlignes.

Cette portée tient à peu près le centre de l'échelle musicale, et, comme elle est insuffisante pour recevoir toutes les notes, on y ajoute des petites lignes en dessus et en dessous. Exemple :

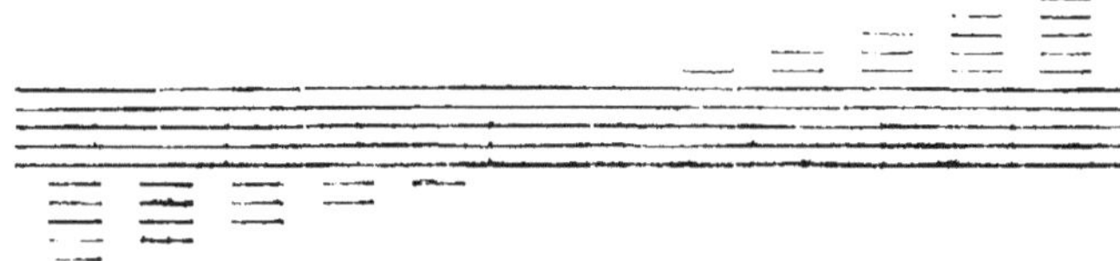

DE LA CLEF.

Pour fixer le registre ou le diapason du son, on place au commencement d'un morceau ce signe &, que l'on appelle clef de sol, dont la boucle se place sur la seconde ligne de la portée, et détermine la position de la note *sol*, qui se trouve à peu près au centre de l'échelle diatonique.

Etendue de la voix humaine :

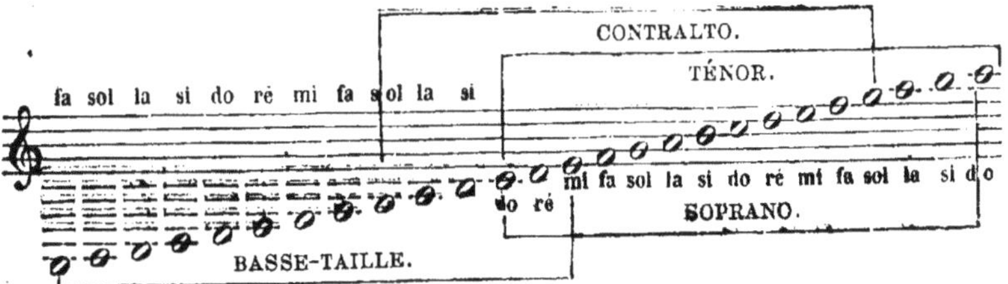

Pour éviter la complication des lignes additionnelles que l'on remarque dans les notes basses, on se sert de ce signe ℈: appelé clef de *fa* dont la boucle est fixée sur la 4ᵉ ligne à laquelle elle donne son nom, les notes chantées en clef de *fa* rendent des sons à treize degrés au-desssous de ces mêmes notes chantées en clef de *sol*.

Par cette transposition le registre de la voix de basse ne s'écarte guère de la portée et la lecture en est plus facile. Au surplus nous reviendrons sur cette clef dont l'élève n'a pas à se préoccuper pour le moment.

GAMME ASCENDANTE ET DESCENDANTE.

VARIANTES SUR LA GAMME.

do ré mi fa sol la si do ré do si la sol fa mi ré
mi fa sol la si do ré mi ré do si la sol fa mi ré do.

SEPTIÈME LEÇON

DES INTERVALLES.

Il y a dans la gamme sept intervalles ou distances de notes, savoir :

La *Seconde*,	de DO à RÉ,	— RÉ à MI,	— MI à FA,	etc.
La *Tierce*,	de DO à MI,	— RÉ à FA,	— MI à SOL,	etc.
La *Quarte*,	de DO à FA,	— RÉ à SOL,	— MI à LA,	etc.
La *Quinte*,	de DO à SOL,	— RÉ à LA,	— MI à SI,	etc.
La *Sixte*,	de DO à LA,	— RÉ à SI,	— MI à DO,	etc.
La *Septième*,	de DO à SI,	— RÉ à DO,	— MI à RÉ,	etc.
L' *Octave*,	de DO à DO.	— RÉ à RÉ,	— MI à MI.	etc.

EXERCICES SUR TOUS LES INTERVALLES A PARTIR DE LA 1re NOTE DE LA GAMME.

Noᴛᴀ. Si l'élève détonne en solfiant ces intervalles, le maître rec-
tifiera son erreur, en lui faisant chanter les degrés qui les séparent

INTERVALLES ÉCHELONNÉS SUR TOUS LES DEGRÉS DE LA GAMME.

HUITIÈME LEÇON.

VARIATIONS SUR LA GAMME ASCENDANTE ET DESCENDANTE

Con moto. (avec mouvement).

Moderato.

THÈME.
Variation 1.
Variation 2.

Variation 3.
Variation 4.
Variation 5.

NEUVIÈME LEÇON.

MÉLODIE EN BLANCHES ET NOIRES.

VARIANTE AVEC BLANCHES POINTÉES.

VARIANTE EN NOIRES POINTÉES AVEC LE DOUBLE POINT.

DIXIÈME LEÇON.

DE LA SYNCOPE.

La syncope est une note qui arrive à contre temps dans la mesure, c'est-à-dire qu'elle commence sur un temps faible, et se trouve coupée à son milieu par un temps fort.

Sont considérés comme temps forts dans la mesure à quatre temps le premier et le troisième, parce que cette mesure est divisible en deux, soit 2 mesures de 2|4, et qu'ainsi les temps 1 et 3 sont les temps frappés, tandis que le 2 et le 4 sont les temps levés.

Donc une blanche qui occupe le second et le troisième temps d'une mesure à quatre temps est une syncope. — Mais, quand la syncope occupe le quatrième temps d'une mesure et le premier de la suivante, on ne peut la représenter que par deux notes semblables unies par ce signe ⌒ qu'on appelle liaison; et dans ce cas ces deux notes n'en forment qu'une seule.

On appelle encore note syncopée celle dont toute fraction autre que la moitié de sa valeur se prolonge sur un temps fort. Exemple :

MÉLODIE AVEC SYNCOPES.

Andante.

ONZIÈME LEÇON.

GAMMES DIATONIQUES ET CHROMATIQUES.
TONS ET DEMI-TONS.

La gamme diatonique est celle que nous avons déjà exposée, elle se compose de cinq tons et de deux demi-tons.

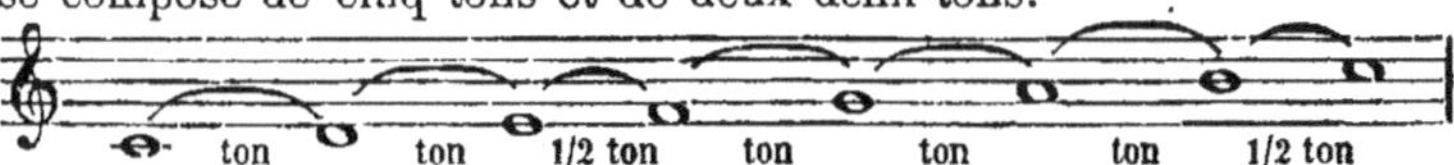

Chaque ton est divisible en deux demi-tons, et cette division se fait en montant la première note ou en descendant la seconde d'un demi-ton.

Les deux notes se rencontrent donc au partage du ton et donnent nécessairement le même son. On les appelle alors *notes synonymes* ou *enharmoniques*.

Pour monter une note d'un demi-ton, on se sert de ce signe qu'on appelle *Dièse* ♯

Pour descendre une note d'un demi-ton, on se sert de ce signe qu'on appelle *Bémol* ♭

Pour rétablir la note dans son ton naturel, on se sert de ce signe appelé *Bécarre* ♮

On trouve ainsi, dans la gamme, douze demi-tons. En montant la gamme, on se sert du dièse pour rapprocher la note plus basse de la note plus haute. En descendant, on emploie le bémol pour rapprocher la note la plus haute de la note plus basse. Cette règle n'est pas absolue; l'étude de l'harmonie en donnera les exceptions.

Toutes les gammes qui procèdent par demi-tons s'appellent *gammes chromatiques*.

L'élève se rendra compte sur le clavier du piano des notes synonymes ou enharmoniques dont nous parlons plus haut. Elles sont représentées par les touches noires de la gamme. Ainsi la première est tour-à-tour *Do* dièse et *Ré* bémol; la deuxième est tour-à-tour *Ré* dièse et *Mi* bémol; la troisième, *Fa* dièse ou *Sol* bémol; la quatrième, *Sol* dièse ou *La* bémol; et enfin la cinquième, *La* dièse ou *Si* bémol.

Les notes synonymes sont liées par des arcs de petits points.

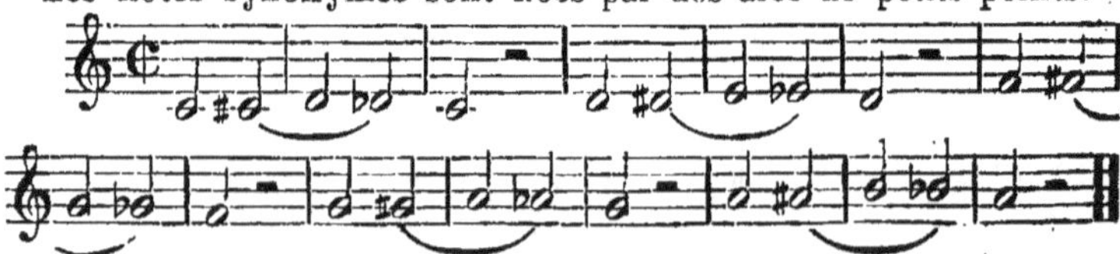

ÉTUDE POUR SE FAMILIARISER AVEC LES NOTES ACCIDENTÉES.

3

Après que l'élève aura solfié cette mélodie le maître pourra la lui faire chanter avec les paroles.

FRAGMENT DE L'ORPHÉON. (**Cantate**).

Andante cantabile.

- reux Ah! quels tor- rents de mé -lo - di - e I
- non - dent la terre et les cieux Ah! quels tor-rents de mé-lo -
cresc
crecs
- di - e I - non -dent la terre et les cieux.
P

DOUZIÈME LEÇON.

DES MODES.

Jusqu'ici nous n'avons présenté à l'élève que la tonalité majeure de *do*, et il aura pu remarquer que dans cette gamme, comme dans les exemples mélodiques qui la suivent, il y a une note principale qui est le point de départ et celui de la conclusion. Cette note s'appelle la *tonique*.

La tonique est, pour ainsi dire, le pivot, la raison, la conscience de tout le morceau de musique, dont on peut s'écarter, mais auquel il convient de revenir souvent, et qui doit impérieusement servir de conclusion.

Dans tous les exemples précédents, la tonique a été la note *do*; mais chacune des notes qui composent la gamme peut devenir à son tour la tonique du morceau, ce qui constitue des séries de tons dont nous donnons un exemple dans le tableau ci-contre.

Cette série se divise en deux modes : le *mode majeur* et le *mode mineur*; le premier, d'un caractère ouvert; le second, d'un caractère sombre.

MODE MAJEUR.

Le tableau ci-contre ne donne que des gammes du mode majeur, pour rester fidèle à notre système analytique.

On a pu remarquer que la gamme majeure de *do* se compose de deux tronçons de quatre notes disposées de la même façon, savoir: deux tons et un demi-ton:

do, ré, mi, fa.   *sol, la, si, do.*

En se servant du second tronçon de la gamme de *do* comme premier d'une nouvelle gamme, on a la gamme de *sol*, à la condition de diéser le *fa*:

Gamme de SOL.   *sol, la, si, do.*   *ré, mi, fa ♯, sol.*

En prenant le second tronçon de la gamme de *sol* pour premier d'une nouvelle gamme, on obtient la gamme de *ré*, à la condition de diéser le *do* :

Gamme de RÉ.   *ré, mi, fa♯, sol.*   *la, si, do♯, ré.*

On continue ainsi et l'on a les

Gammes de LA   avec 3 ♯ — LA   SI   DO♯   RÉ   MI   FA♯   SOL♯   LA

       MI   avec 4 ♯ — MI   FA♯   SOL♯   LA   SI   DO♯   RÉ♯   MI

       SI   avec 5 ♯ — SI   DO♯   RÉ♯   MI   FA♯   SOL♯   LA♯   SI

   FA dièse avec 6 ♯ — FA♯   SOL♯   LA♯   SI   DO♯   RÉ♯   MI♯   FA♯

   DO dièse avec 7 ♯ — DO♯   RÉ♯   MI♯   FA♯   SOL♯   LA♯   SI♯   DO♯

Pour dispenser de répéter sans cesse ces dièses devant chaque note qui en a besoin, on les met à la clef, et ils comptent pour tout le morceau.

En suivant la marche inverse, on obtient la série des gammes en *bémol;* c'est-à-dire que, si l'on prend le premier tronçon de la gamme de *do* pour en faire le second d'une nouvelle gamme, on obtient la gamme de *fa* à condition de bémoliser le si ; soit :

fa, sol, la, si♭.   *do, ré, mi, fa.*

En prenant le premier tronçon de cette gamme de *fa* pour en faire le second d'une nouvelle gamme, on obtient la gamme de *si* bémol à condition de bémoliser le *mi* ; soit :

si♭, do, ré, mi♭.   *fa, sol, la, si♭.*

En continuant ainsi, on a les

Gammes de MI bémol avec 3 ♭ — MI♭   FA   SOL   LA♭   SI♭   DO   RÉ   MI♭

      LA bémol avec 4 ♭ — LA♭   SI♭   DO   RÉ♭   MI♭   FA   SOL   LA♭

      RÉ bémol avec 5 ♭ — RÉ♮   MI♭   FA   SOL♭   LA♭   SI♭   DO   RÉ♭

    SOL bémol avec 6 ♭ — SOL♭   LA♭   SI♭   DO♭   RÉ♭   MI♭   FA   SOL ♭

    DO bémol avec 7 ♭ — DO♭   RÉ♭   MI♭   FA♭   SOL♭   LA♭   SI♭   DO♭

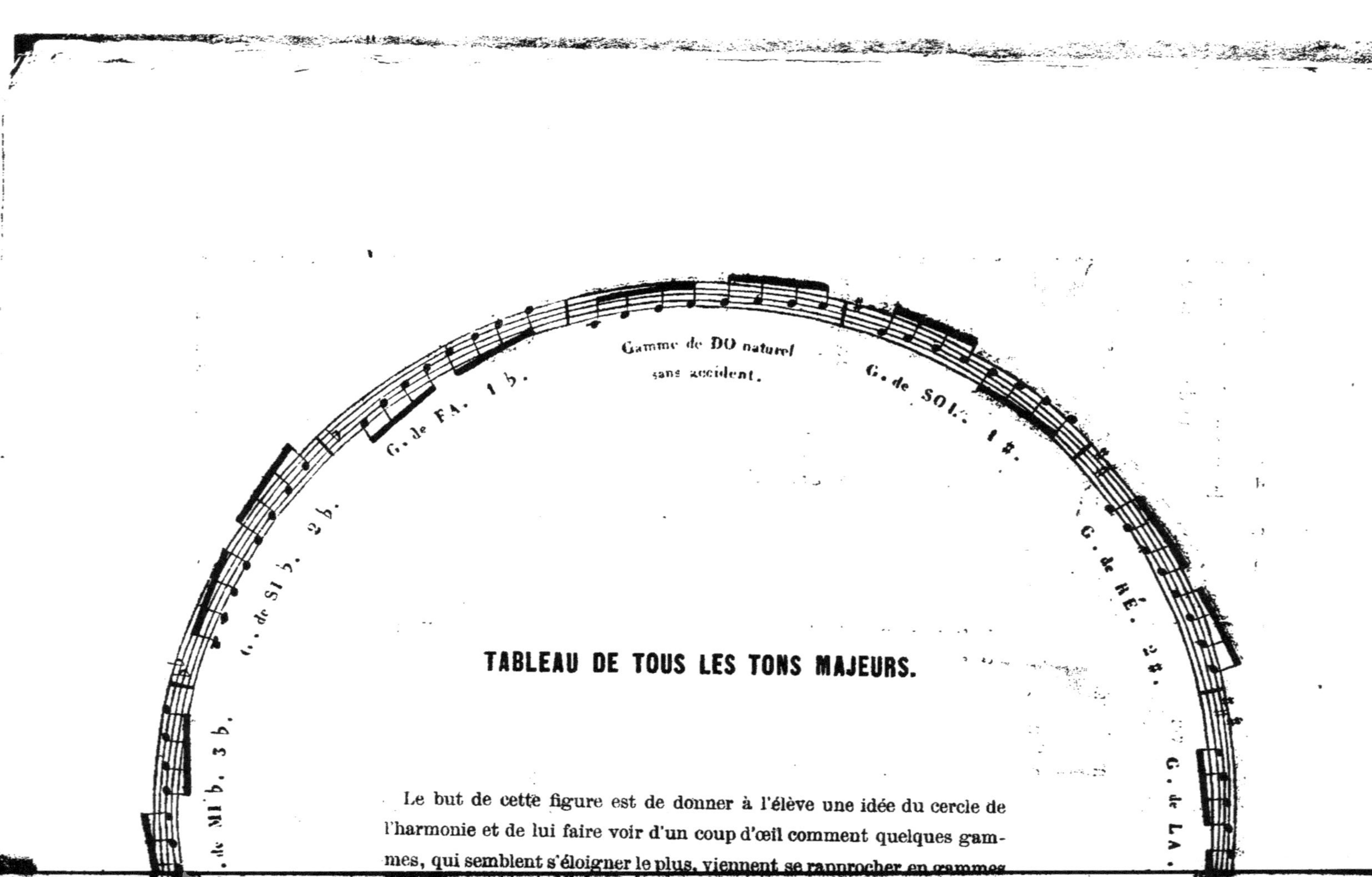

TABLEAU DE TOUS LES TONS MAJEURS.

Le but de cette figure est de donner à l'élève une idée du cercle de l'harmonie et de lui faire voir d'un coup d'œil comment quelques gammes, qui semblent s'éloigner le plus, viennent se rapprocher en gammes

GAMMES SYNONYMES
G. de MI. 4#.
G. de SI. 5#.
G. de FA#. 6#.
G. de DO#. 7#.
G. de DOb. 7b.
G. de SOLb. 6b.
G. de RÉb. 5b.
G. de LAb. 4b.

TREIZIÈME LEÇON.

GAMMES EN TONS MAJEURS ACCIDENTÉS.

En DO.

En SOL.

En RÉ.

En LA.
En DO.
En FA.

En SI bémol.
En MI bémol.

QUATORZIÈME LEÇON.

THÈMES TRANSPOSÉS POUR SE FAMILIARISER AVEC LES ACCIDENTS

Thème.
Modulation en sol.
Retour en do.
Prélude pour s'établir dans le ton de fa par le si bémol.
En FA.
Modulation en do.
Retour en fa.
Prélude pour passer de fa en si bémol.
En si bémol.
Modul. pass. en fa.
Retour en si bémol.

QUINZIÈME LEÇON.

DU MODE MINEUR. — DOUBLES DIÈSES ET DOUBLES BÉMOLS.

La gamme mineure n'a point la régularité de la gamme majeure, ses tronçons n'étant point pareils. Elle en diffère par l'altération de la tierce et de la sixte, qui sont baissées d'un demi-ton ; c'est cette altération qui donne au mode mineur le caractère sombre que nous avons déjà signalé.

Telle est la véritable gamme mineure. Cependant la difficulté de franchir la distance d'un ton et demi qui existe entre le sixième et le septième degré (entre la sixte et la septième), le *fa* et le *sol*, a fait imaginer de rapprocher le sixième degré du septième d'un demi-ton, en montant la gamme. En la descendant au contraire, on a maintenu la sixte mineure, et pour en rapprocher la septième, on a baissé cette dernière d'un demi-ton. Exemple :

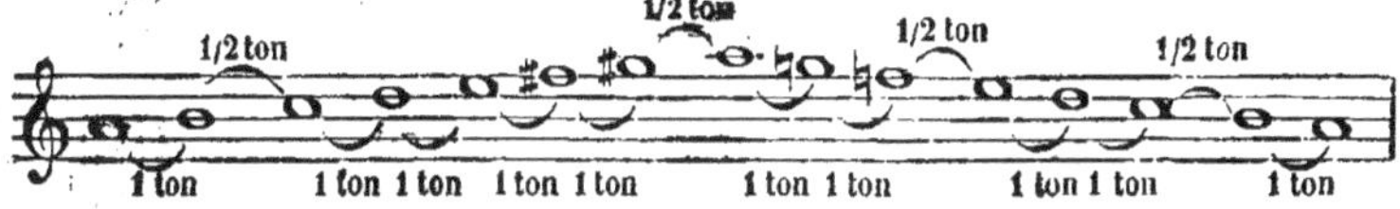

C'est ainsi que la gamme mineure s'emploie le plus généralement·

L'accident, soit dièse, soit bécarre, qui marque la septième note de la gamme mineure, dite *note sensible,* quoique faisant partie intégrante du ton mineur, ne se met point à la clef, parce qu'étant souvent retranché, l'usage a prévalu de l'indiquer dans le courant du morceau.

Dans les tonalités chargées de dièses et de bémols, les notes que l'on veut encore monter accidentellement d'un demi-ton se marquent du signe suivant, ✗ ou 𝄪 que l'on appelle double-dièse, et qui est au dièse ce que ce dernier est à la note naturelle ; les notes déjà bémolisées que l'on veut descendre encore d'un demi-ton se marquent par ce signe, ♭♭, qu'on appelle double-bémol.

Le ton de *la* mineur, n'ayant pas d'accident à la clef, est celui qui se rapproche le plus du ton primitif de *do* majeur, auquel il est pour cette raison dit *relatif;* réciproquement le ton de *do* majeur est relatif de *la* mineur. — Le même rapport existe pour tous les tons, c'est-à-dire chaque ton majeur a un ton mineur qui lui est relatif et se trouve une tierce au-dessous. Ainsi, sans accident à la clef, on est en *do* majeur ou en *la* mineur; avec un dièse, on est en *sol* majeur, ou en *mi* mineur; avec deux dièses, on est en *ré* majeur ou en *si* mineur; *etc, etc.*

TABLEAU DES GAMMES DU MODE MINEUR.

On remarquera qu'ici, comme dans le mode majeur, les trois dernières gammes en dièses se rencontrent avec les trois dernières gammes en bémol.

SOL dièse synonyme de LA bémol,
RÉ dièse synonyme de MI bémol,
LA dièse synonyme de SI bémol.

SEIZIÈME LEÇON.

THÈMES TRANSPOSÉS POUR SE FAMILIARISER AVEC LES TONS ACCIDENTÉS DU MODE MINEUR.

THÈME en *la* mineur.

Prélude pour s'établir de *la mineur* en *ré mineur*.

RÉ mineur.

Prélude pour passer de *ré mineur* en *sol mineur*.

SOL mineur.

Thème en LA mineur.
Prélude pour passer de LA mineur en MI mineur.
MI mineur.
Prélude pour passer de MI mineur en SI mineur.
SI mineur.

DIX-SEPTIÈME LEÇON.

MÉLODIES EN DIVERSES TONALITÉS.

DO MAJEUR.

Moderato.
Allegretto

LA MINEUR.

Allegro.

Con moto.

EN SOL MAJEUR.

Moderato.

Allegretto.

EN MI MINEUR.

Tempo di minuetto.

Tempo di valza.

RÉ MAJEUR

SI MINEUR.

Nota. On peut toujours commencer un morceau de musique par une fraction quelconque de la mesure. Cela s'appelle commencer en levant. Le morceau suivant débute sur le troisième temps.

DIX-HUITIÈME LEÇON.

RESUMÉ DES MÉLODIES PRÉCÉDENTES.

THÉME.

L'ANGE GARDIEN.

Nocturne à deux voix.

- ment Jusqu'à l'heure où le jour se lè - ve Dans un divin ra-vis-se-
- meut Jusqu'à l'heure où le jour se lè - ve Dans un divin ra-vis-se-
- ment, Dans un di - vin ra-vis-se-ment, Dans un di-vin ra-vis-se-
- ment, Dans un di - vin ra-vis-se-ment, Dans un di-vin ra-vis-se-
- ment, Dans un di - vin ra-vis-se-ment, Dans un di-vin ra-vis-se-
- ment, Dans un di - vin ra-vis-se-ment, Dans un di-vin ra-vis-se-

FIN.
- ment, Dans un di-vin ra-vis-se-ment, Dans un di-vin ra-vis-se-ment.
FIN.
- ment, Dans un di-vin ra-vis-se-ment, Dans un di-vin ra-vis-se-ment.
FIN.
Il nous dit: dormez sous mon ai - le, Je suis votre ange pro tec -
- teur;
De no-tre mère il nous rap-pel - le L'i - mage chère à no-tre

A-dres-sons-lui no-tre pri - è - re,
cœur,
Les mains join-tes à deux ge -
Tou-jours il se - ra no-tre pè - re, Tou-jours il veil-le-ra sur
noux Tou-jours il se - ra no-tre pè - re, Tou-jours il veil-le-ra sur
nous, Tou-jours, tou - jours il veil -le - ra sur nous. C'est
nous, Tou-jours, tou - jours il veil-le - ra sur nous. C'est

DIX-NEUVIÈME LEÇON.

MESURES COMPOSÉES.

Après avoir donné suffisamment d'exemples sur les mesures binaires et ternaires simples, nous devons placer ici les mesures composées, dont tous les temps ont une forme ternaire, c'est-à-dire que chaque temps, au lieu de valoir une noire ou deux croches, ou quatre doubles croches, vaut une noire pointée, ou trois croches, ou six doubles-croches.

La mesure à quatre temps ainsi transformée s'appelle mesure en $\frac{12}{8}$ parce qu'elle est composée de douze croches.

La mesure en $\frac{3}{4}$ devient $\frac{9}{8}$, composée de neuf croches.

Enfin la mesure en $\frac{2}{4}$ ainsi transformée s'appelle $\frac{6}{8}$, parce qu'elle est composée de six croches.

Cantabile

Adagio.

Allegretto.

EXERCICES EN NOTES ÉGALES POUR S'HABITUER
A SOLFIER AVEC RAPIDITÉ.

Allegretto.

VINGTIÈME LEÇON.

DES TRIOLETS.

Il arrive que, dans le courant des mesures simples, binaires ou ternaires, on emploie accidentellement pour un ou plusieurs temps la forme ternaire, c'est-à-dire trois croches pour deux. Ces trois croches s'appellent *triolet* et s'indiquent par le chiffre 3 placé sur ou sous la note du milieu.

Le triolet de croches se transforme en six doubles croches, que les musiciens appellent *sextelet* et qui se marque par un 6. Nous devons faire remarquer ici que ces six doubles croches, ayant une origine ternaire, s'écrivent toujours soit par groupes de six, soit par groupes de deux.

Moderato.

VINGT-UNIÈME LEÇON.

SUITE DE MÉLODIES EN DIVERSES TONALITÉS.

FA MAJEUR.

Moderato.

Moderato grazioso.

EXERCICE POUR S'HABITUER AUX SILENCES.

SI BÉMOL.

SICILIENNE.

MI BÉMOL MAJEUR.

6

VINGT-DEUXIÈME LEÇON.

PETITES NOTES ET GROUPES D'AGRÉMENT.

PETITES NOTES.

La petite note ne se nomme pas en solfiant. Elle prend le nom de la note qu'elle précède, et lui retire la valeur que le goût doit lui donner et que l'usage apprend à connaître. — La petite note est tantôt longue, tantôt brève, selon la place qu'elle occupe dans la phrase. A la fin d'une césure, elle est longue et s'appelle appogiature, (note appuyée). Exemple :

Dans le courant de la phrase, la petite note a moins d'importance et s'exécute d'une façon plus brève. Exemple :

GROUPES D'AGRÉMENT.

L'orsqu'une, deux, trois ou plusieurs petites notes d'ornementation précèdent une note commençant une phrase, elles ne se nomment pas en solfiant et prennent le nom de cette note. Exemple :

Quand le groupe se trouve entre une note longue et une plus brève, il prend le nom de la note longue. En somme, le groupe prend le nom de la note essentielle, sur laquelle on doit appuyer. Exemple :

Fragment de l'Orphéon (Cantate).

2ᵉ fois.
2ᵉ fois.
Mars a bri - sé — — sa vieille ar-
De la ter - re un hymne s'é-
- mu — — re Orphé - e est roi de l'a - ve - nir, Et
- lan — ce Et mon - te dans l'immen-si - té : Voi -
tout re-nait daus la na - tu - re Par l'es-pé - ran - ce et le plai-
- ci l'Orphé-on qui s'a-van - ce, Brûlant ra - yon de vé-ri-
- sir, Par l'es-pé-ran - - - ce et le plai - sir. Un
- té, Brûlant ra-yon de vé - ri - té. Au

jour nouveau luit sur le mon - de, Reviens à nous, bel â - ge
son de cet-te voix touchan - te Plus de tambours ni de clai -
d'or; Que la ter - re, deux fois fé - con - - de, A ses en
- rons; Le pas - sé meurt, l'Orphé-on chan - te Paix frater -
- fants réserve encor, A ses enfants réserve en-cor, A ses enfants réserve en
- nel - le aux na-ti- ons, Paix fraternelle aux na - ti - ons, Paix fraternelle aux na-ti -
- cor.
- tions.
Chan -tons, enfants de l'harmo -

VINGT-TROISIÈME LEÇON.

SIX DERNIÈRES MÉLODIES MÉLANGES DE RHYTHMES DIVERS.

Moderato.
Moderato tempo di mazurka.

RÉ MINEUR.

Maestoso.

SOL MINEUR

Allegro.

Moderato.

VINGT-QUATRIÈME LEÇON.

DE LA CLEF DE FA.

Nous avons fait comprendre, au commencement de cet ouvrage, la nécessité d'un changement de clef, pour éviter la complication des petites lignes additionnelles et rendre la lecture plus facile.

La même note, écrite en clef de *fa*, donnera un son de treize degrés au-dessous de la clef de *sol*. Donc, dans le registre de la voix de basse, on peut écrire sans trop s'écarter de la portée.

Le piano emploie les deux clefs, celle de *sol* pour la main droite, celle de *fa* pour la main gauche.

Nous donnons ici quelques exemples en clef de *fa*. Des exercices plus compliqués n'appartiennent point à une méthode élémentaire.

FIN.

Musique typographique de TANTENSTEIN, 8, rue Touiller, à Paris.

TABLE DES MATIÈRES.